サムライ・イノベーション

～社会を変える起業家のための思考と資金戦略～

安達　巧　編著
藤本健太　著

ふくろう出版

目　次

1．はじめに
近い将来の起業家たちへのメッセージ

今年（2015 年）の NHK 大河ドラマ「花燃ゆ」は、吉田松陰の妹がヒロインです。吉田松陰は、ペリー来航時に国禁を破って黒船に乗り込む下田事件を起こしたばかりか、松下村塾を主宰した人物として余りにも有名です。

松下村塾は、高杉晋作や久坂玄瑞、伊藤博文（日本の初代総理大臣）、山形有朋といった明治維新の立役者の多くが学んだ私塾で、吉田松陰が松下村塾を主宰したのはわずか２年余りに過ぎません。ですが、この短期間に教えを受けた明治維新の立役者（すなわち、日本の変革者：イノベーター）たちは、吉田松陰を終生の「師」と仰いでいます。

吉田松陰は安政の大獄で若くして非業の死を遂げます。しかし、その「志」は門下生たちに引き継がれ、明治維新の精神的支柱となりました。吉田松陰は数々の名言や格言を残しています。「何事も　ならぬといふは　なきものを　ならぬといふは　なさぬなりけり（現代語訳：何事であっても、できないということはない。できないというのは、やらないだけである）」に代表される彼の言葉の多くは、「実行の人」である吉田松陰の人生観を表しており、いまでも私達に大きな何かを語りかけているように思えてなりません。

世界に目を向けると、2012 年に時価総額世界一の会社となったアップル社の創業者スティーブ・ジョブズも「実行の人」だといえるでしょう。彼がスタンフォード大学をまさに卒業しようとしている若者たちに向けて発した「Stay hungry, Stay foolish」とのメッセージは余りにも有名です（hungry；過去の成功を捨てること、身軽でいること、心から好きなことを見つけるまで立ち止まらないこと、自分には何もないと自覚すること、自分の心と直観に従うこと、など。foolish；多数派の信じることに反してでも自分の心に従うこと、成功を捨ててゼロからやり直すこと、本当に好きなことを見つけるまで立ち止まらないこと、他人の人生を生きないこと、ドグマにとらわれないこと、など)。しかし、私(安達)は、アップル社のTVコマーシャル“ Think different.”シリーズでの言葉により大きな感銘を受けました。

「クレイジーな人たちがいる。
反逆者、厄介者と呼ばれる人たち。
四角い穴に丸い杭を打ち込むように、物事をまるで違う目で見る人たち。
彼らは規則を嫌い、彼らは現状を肯定しない。
彼らの言葉に心を打たれる人もいる。反対する人も賞賛する人も貶す人もいる。
しかし、彼らを無視することは誰にも出来ない。
なぜなら、彼らは物事を変えたからだ。彼らは人間を前進させた。
彼らはクレイジーと言われるが、私たちは天才だと思う。
自分が世界を変えられると本気で信じる人たちこそが、本当に世界を変えているのだから。」

このメッセージの根底にも、吉田松陰と同じ考え方があるように私(安達)には思えます。その考え方とは、「一人で世の中を変えるより、世の中を変えたいという人を増やすほうがいい」というものです。

先進国のなかでも日本はアントレプレナー(起業家)が極めて少ないといわれています。その要因としては、

- 日本人の心に根付いた「寄らば大樹の陰」や「出る杭は打たれる」意識が抜けず、「皆と同じである」ことを美徳と考える日本的風土(ムラ社会の気質)
- 学校教育においても個人の自立より集団志向が求められること(同調圧力が強い)
- 近親者(家族や親族)の反対
- 失敗を嫌う(あるいは一度失敗した者に社会が再起のチャンスを与えない)風土

などが挙げられています。

また、制度や社会システム上の問題点として、

・物的担保重視の間接金融がメインで創業時の直接金融を引き受ける者の絶対的不足
・創業時の規制が多く、また、会社（法人）設立に必要な印紙税や登録免許税等の費用も安くない

などの点が指摘されています。

そうではありますが、一方で「自分が世界を変えられると本気で信じる人たちこそが、本当に世界を変えている」のもまた事実ですから、長引く不況からなかなか抜け出せない日本及び世界を「変えられると本気で信じる人」の育成は人類進歩（より良い社会の実現）のためにも急務であるはずです。

私（安達）は、学生時代に起業しました。株主集めから設立登記まですべて自分たちでやり、経営者（社長）として激烈に多忙な日々を経験しました。しかし、苦労して立ち上げた小さなその会社は、わずか1年余りで〔倒産ではありませんが〕清算する羽目になりました。私（安達）自身の甘さが抜けず、事業継続に「失敗」したのです。それから15年余りを経て、私（安達）は税理士事務所を立ち上げ、所長（経営者）として多くのベンチャー企業経営者たちと苦楽を分かち合いました。その後に現勤務先の公立大学に奉職することとなったため、〔公務員の専従義務等に鑑みて〕私（安達）の税理士事務所はやむなく閉鎖しました。現在は、経営私塾を主宰して無償でアントレプレナー育成・支援を続けています。振り返ってみると、私（安達）の起業及び経営者としての側面は決して順風満帆だったとはいえません。ただ、「今やるべきことに全力で取り組む」ことだけは続けてきました。環境が許せば、私（安達）は三度目の起業をしたいと思っています。加えて、「世界を変えられると本気で信じる」イノベーター（アントレプレナー）を1人でも多く育てたいと本気で思っています。

本書は、「起業はハードルが高い」と思っている皆様を主な読者層に想定しています。本書をお読みになった読者の皆様が「起業を難しく考えなくて

もいいんだ」・「とりあえず副業から始めてみよう」と感じて下さり、「実行」へと一歩前進して頂けたら編著者として本当に嬉しく思います。

バングラディシュのグラミン銀行が創設者ムハマド・ユヌスとともにノーベル平和賞を受賞した2006年頃から、わが国でも社会起業家（ソーシャル・アントレプレナー）が数多く誕生しはじめ、慶應義塾大学大学院政策・メディア研究科のように「社会イノベータコース」を有する大学〔院〕も存在しています。社会を構成する１人１人の意識が変われば、世界は変えられるはずです。

前にご紹介した吉田松陰は長州藩士でした。武士（侍；サムライ）の彼は、辞世の句として「身たとひ　武蔵の野辺に　朽ちぬとも　留め置かまし大和魂（意訳；私の身体はこの武蔵の地で滅んだとしても、私の大和魂（サムライの心）はここに置いて行きますから、門下生の皆さんで引き継いで下さい〕)」を詠みました。

サムライの心を持ったアントレプレナー（イノベーター）がサムライ・イノベーションを起こして下さることを心から願っています。

2．起業を失敗させないための事前準備

1）「ソフト・スタート」のすすめ
－まずは副業で「利益を得る」を体感してみよう－

会社員（サラリーマン）等で起業を考えている人は、いきなり本格的に起業するのではなく、まずは何か副業を始める「ソフト・スタート」をおすすめしたい。

インターネットを使えば簡単に副業ができる今日、副業を始める際のハードルは高くない（ただし、就業規則で「副業禁止」となっている場合は注意が必要）。

副業といっても、インターネット通販やアフィリエイト的なものなど気軽なもので構わない。本格的な起業（独立開業）に直結する事業に拘る必要もない。副業で始めたことが発展して独立開業につながるというのがベストではあろうが、副業の目的は「取りあえず自分で事業を始めてみる」という点にある。

ビジネスでは、利益（＝売上－費用）計算が最も重要である。ビジネスの現場で「机上の空論」は役に立たない。費用（コスト）の感覚も実際に何らかのビジネスを自ら体験しないと解らない。利益が出る「はず」の価格設定をしても、作業の手間がかかる上に売上が少ないのであれば、継続可能な事業とはならない。「自分でビジネスをすること自体は、それほど難しくない」ものの、「そのビジネスで利益を得ることはけっこう難しいこと」等を身体に染み込んだ皮膚感覚として会得して貰いたいのである。

例えば、脱サラしてラーメン店を営みたいと思っている人がいると仮定しよう。

本気でラーメン店をやりたいと思ったら、サラリーマンを辞める前に、まず手始めに就業時間後や休日を利用してラーメン店でアルバイトをしてみる

と良い。「バイト料は要らないから開業のための修行をさせてほしい」と頼み込み、ラーメン店の経営に必要なノウハウを学ぶとヨリいいかもしれない。単に頭の中でアイデアを膨らませただけの「机上の空論」ではなく、実際に行動してみることである。何もアルバイトに限る必要はない。自分に合った方法で何かしらやってみることだ。

そして、どの程度の作業（手間）でどれほどの収入ならびに利益が可能なのか、できるだけ緻密なシミュレーションを行うことである。くれぐれも、起業のアイデア（ビジネスモデルを含む）について、具体的な検証（シミュレーション）を行うことなく実行に移さないようにしてほしい。

2）ビジネスは「過程ではなく、結果がすべて」
――一生懸命やればいいわけではない―

「ビジネスは結果がすべて」とはよく言われることである。労働者（サラリーマン）の場合は、仕事を一生懸命やっていれば、たとえ結果に結びつかなくても、上司に評価されたり、出世したりすることもあるかもしれない。だが、自分でビジネスを行う場合は、結果がでなければ「次はない」ことも多い。

もちろん、一生懸命に仕事をすることを「悪」だといっているわけではない。ただ、あなた（読者）が一生懸命であるかどうかは、お客様には無関係である。お客様が求めている財やサービスを提供できているか否かが、すべての評価につながるということを忘れてはならない。

どんなに一生懸命やってみたところで、それがお客様の求めていない財やサービスであれば、事業（ビジネス）として成立しない。

時間と労力をかけて、一生懸命に高機能のモノを作ればうまく行くと思っていた日本のメーカーが、機能を絞り込んで販売価格を抑えた韓国や台湾のメーカーの戦略に敗れた苦い経験は読者の多くがご存じだと思われる。

どんなに一生懸命やったとしても、それがお客様の欲しているものでなければ売れることはないのである。

3）商工会議所への入会のすすめ

起業には人脈（コネ）が非常に重要である。人脈はあって困ることはない。とりわけ、起業家同士、同業者などの人脈はとても有益である。情報交換もできるし、孤独になりがちな経営者にとっては、仲間がいると思えるだけで精神的にも支えられる。

もし、「起業家（経営者）同士の人脈など、そう簡単にはつくれない」と不安に思うのであれば、地元の商工会議所に入ることをおすすめしたい。

商工会議所は、地域の経営者の集まりである。経営者同士、経営上の悩みを相談しあったりすることもできるし、様々な親睦会や研修等も行ってくれる商工会議所の会員になれば、他業種の人達と交流することもできる。加えて、商工会議所は、さまざまな経営支援事業を行っている。経営者向けの有利な保険、共済の斡旋等もしてくれる。日本政策金融公庫に推薦もしてくれるし、もちろん融資〔の審査〕が通りやすくなる。

商工会議所の会費は、資本金によって決められている。おおむね資本金1000万円未満の場合が3万円、資本金3000万円未満の場合が4万5000円、あとは資本金に応じて増額されて行く。

3．起業の成功に欠かせないスキルを身につける

1）起業の動機と理念を明確にする

起業を成功させるためには、何よりも「なぜ起業するのか」という動機を確認し、強い目的意識を持つことが不可欠である。同時に、起業の理念はどのようなこと（内容）なのか、可能な限り早い段階で固めておく必要がある。

起業家は超多忙である。理念が曖昧のまま事業を開始してしまうと、多忙を極めるうちに「手段の目的化」が生じてしまう。５年後には起業家の約半数が事業継続を断念している厳しい現実を直視し、早い段階で起業の動機と理念を固める必要がある。

2）「儲ける」ことは悪いことではない
－社会貢献と〔自身の〕利益確保の両立を－

近年は、「地域や社会に貢献したい」という社会起業家が増えている。「少子高齢化」が進み、「地方創生」が叫ばれる今日、こうした「社会起業家」は人々の共感を得ている。彼らの多くは、「お金儲けをしたいのではなくて、世のため人のために役立つことをしたい」という大志を抱いて社会貢献活動に懸命に身を捧げている。

大変に素晴らしいことで、賞賛に値する。だが、彼らの事業は収入を得るのが容易ではないため長続きしないことが多い。厳しい言い方になるかもしれないが、継続できない事業では、社会貢献としては十分とはいえない。起業家自身も、自分の給料すらまともにとれないため、貧乏暮らしを余儀なくされ、「貧すれば鈍する」状態に陥りかねない。

社会貢献を第一に考えて起業する場合であっても、まずは「自身の（自分たちの）利益をどうやって確保するか」という視点を忘れてはならない。社

会に必要な事業であればあるほど継続することが重要である。社会起業家のなかには、「お金儲け」に負い目（引け目）を感じている人も少なくないが、社会起業家こそ自分の利益をしっかり確保できる事業モデル（ビジネスモデル）を考えるべきではないだろうか。利益を上げているということは、誰かが求める商品やサービスを提供している(困っている人の助けになっている)といえるのである。多くの利益を上げれば、多くの税金を支払うことにつながり、間接的に社会貢献しているともいえる。儲けることに負い目(引け目)を感じることはやめにしよう。

３）精神的耐性（タフさ）

起業家に欠かせないのが心、すなわちマインドの強化である。精神的耐性（タフさ）と言ってもよいであろう。事業を始めると、予想したほど売上を確保できない、「私が支援するから独立しなさい」などと言って起業を促した人物からの支援が得られない、といった難局に直面することも多い。そうなると、前途への不安を感じて心が折れる起業家も少なくない。逆に、予想以上に事業が上手く行き、天狗になって浪費に走る起業家もいる。心の変化は、事業が長く続かない要因となる。

起業家が陥りやすい〔心の〕問題をあらかじめ知って、精神的耐性（タフさ）を身に付けておくことが重要であろう。

起業して事業を長く続けるためには、原動力となる強い動機は不可欠である。起業後、すべてが順風満帆に進むことなど皆無と言ってよい。トラブルに直面して心が折れそうになったとき、トラブルを乗り越えて事業を継続させるためには、「社会貢献したい」といった立派な動機だけではなく、私利私欲から湧き出てくるような動機(例えば、「成功してアイドルと結婚したい」)も必要ではないだろうか。事業活動を継続させるうえで最も重要なのは「利益を出し続ける」ことであるから、「儲けたい」との強い意欲が大切であることは改めて指摘するまでもない。

起業して実現したい私利私欲的な欲望があるとすれば、成功する確率が高いと考えて欲しい。そうした動機を敢えて他人に言う必要はないが、「こんな『よこしまな』ことを考えているのはマズイよな……」と思い悩む必要はない。

もし、起業関連書籍やセミナーなどで「今の会社がイヤだから起業したい」といった「後ろ向きの動機では起業しても失敗する」と説明されていたとしても、そうした「他人の説明」を鵜呑みにする必要はない。私利私欲的な欲望も、事業を成功させる原動力となり得る立派な動機だと考えている。

4）スケジュールを決めて行動に移す実行力

起業実現の願望を抱いたとしても、起業スケジュールを具体的に決めない限り、日常に流されて起業自体が夢のままで終わる可能性が高い。スケジュールを決めて行動（実行）することである。

5）事業機会を選定する力

起業して事業を継続させるためには有望な事業機会（事業内容）の発見と選定が有効であることは論を待たない。経営戦略を実行して経営目標を達成することが求められる。

事業機会の評価には多様な方法が存在している。例えば、古典的でありながら現在も有効な方法の１つとしてはマイケル.E.ポーターの「５つの力（Five Forces)」分析が挙げられる。５つの力（５F）とは、(1)新規参入の脅威、(2)業界内の競合企業との敵対関係、(3)代替品の脅威、(4)買い手の脅威、(5)売り手（供給業者）の脅威、である。

新たに事業を始める場合、財務リスク、戦略リスク、オペレーショナルリスク及びマーケティングリスク等の事業リスクを冷静に分析することが欠かせない。「誰かの困っていることの解決」が事業機会発見のヒントであるとはいえ、事業機会だけを取り上げて客観的に分析するだけでは不十分である。何をやるのかと同程度に、あるいはそれ以上に〔起業家の能力等の観点から〕誰がやるのかが重要である。

6）ビジネスモデルの決定

既存企業の場合は蓄積した経営資源があるため、事業機会が客観的に有望であれば実現する確率は高い。だが、起業家の場合は、単に有望な事業機会を発見すればよいというわけにはいかない。優れたビジネスモデルを構築できなければ、経営資源に勝る大企業の参入により一気に市場シェアを失うことも想定されるからである。

新たなビジネスモデルを生み出すコツは、現存する様々なビジネスモデルを知ることであろう。画期的なビジネスモデルをゼロから生み出せるのは一握りの天才だけである。起業して成功を収めたイノベーターの多くも、既存のモデルをアレンジして新たなビジネスモデルを生み出しているのである。したがって、複数のモデルを頭に叩き込んでおけば、それがヒントとなり、自分独自の新たなビジネスモデルを発想しやすくなる。「表面的には違ってみえても本質的に同じビジネスモデルを使っているな」と気付ければ精神衛生上もよい。「誰に何をどのように売るのか」を考え、売上（収益）からコスト（費用）を差し引いても利益（カネ）が残るビジネスモデルを考えよう。

詳細な説明は別の機会に譲るが、継続的に利益を上げられる既存のビジネスモデルの代表的なものとしては以下の 12 個が挙げられよう。起業を本気で志す読者諸兄は、ぜひ下掲の 12 個のビジネスモデルについて自ら調べて発想のヒントにして欲しい。

・マルチサイドプラットフォーム

・ロングテール

・ジレットモデル

・フリーミアム

・ノンフリル
・アンバンドリング
・SPA（エス・ピー・エー）
・オープンビジネスモデル
・O2O（オー・ツー・オー）
・ペイアズユーゴー
・フランチャイズ
・BTO（ビー・ティー・オー）

7）足りないスキルとノウハウを補う勇気と積極性

経験を積んだ分野での起業であっても、実際に起業して経営者となれば、サラリーマン時代とは異なるスキルを身につけなければならない。特に以下のスキルは絶対に欠かせないので、起業前からしっかりと準備して身につけて貰いたい。

①マーケティングや営業のスキル

自社の商品やサービスをお客様に買ってもらうためのマーケティングと営業に関するスキルは欠かせない。

②カネ（資金）の管理

起業家として成功するためには、カネ（資金）の管理に関する幅広い知識が必要である。毎月の「売上高」「原価」「販売費および一般管理費」「利益」といった数字を把握する会計処理を行い、税金の申告もしなければならない。

BtoBの事業では信用取引が当たり前であり、モノやサービスを売っても、実際に現金が入るのは数ヶ月先となる。仕入や経費の支払いのほうが先行することも少なくない。会計上の利益も大切だが、それ以上にキャッシュフローが重要である。「黒字倒産」とならないためには資金繰りに留意し、資金調達のノウハウも欠かせない。

③IT スキル

あらゆる業種において、IT 活用が飛躍のためには不可欠の要素といえる現状にある。「IT」といっても、コンピュータシステムによる業務管理やソーシャルメディアの活用など多岐に渡る。創業まもない小企業の場合は、Web マーケティングによって成果をあげられる可能性も高いことは肝に銘じておくべきである。

④人事管理（人材活用）

従業員を雇用する場合、労働法や社会保険等の知識も欠かせない。また、従業員のモチベーションを高めて、能力を最大限に発揮できるようにする人材マネジメントのスキルも重要である。

8）人脈形成と人間関係力

売上につながる取引先を確保するためのみならず、事業に必要な情報を得るためにも、人脈を形成することは重要である。サラリーマンと異なり、起業家は多くの人と交渉しなければならない場面が出てくる。場合によっては、行政や NPO などとも協力関係を築いて行かなくてはならない。人脈を形成し、人間関係力（対人交渉力）を高めることも起業家には欠かせない要素である。

ちなみに、プロ野球で初の女性オーナーとなったディー・エヌ・エー（DeNA）の南場智子氏は、マッキンゼー・アンド・カンパニーを退職して起業した際、優秀な同僚２人を誘うとともに、南場氏を含めた３人で「自分より優秀な人を連れて来る」とのモットーでメンバーを集めたそうである。「類は友を呼ぶ」典型例である DeNA は優れた組織となり、だからこそ事業を大きく発展させることができたといえよう。

9）事業計画書（創業計画書）の作成

起業準備を進めたら、起業を実現するための総仕上げとして、事業計画書（創業計画書）を作成する作業が待っている。事業計画書（創業計画書）の主目的は第三者に見せるということである。とりわけ、起業資金を調達すべく、金融機関をはじめとする資金提供者に「成功しそうな事業だ」と納得して貰える記載（内容）でなければならない。審査をクリアするための事業計画書（創業計画書）の書き方についてはコツ（いわゆるノウハウ）があるので、「本当に使える税理士」等に相談するとよい（ちなみに、編著者（安達）も書き方のアドバイスを現在は無償で行っている）。

なお、事業計画書（創業計画書）作成を通じて（と同時並行的に）、経営資源（ヒト・モノ・カネ・情報、etc）の確保と充実にも努めなければならないことは附記しておきたい。

4．名言＆格言に学ぶ社会を変える起業家のための思考

より良い社会を実現したい、困っている人たちを助けたい、などの熱い思いで起業した勇者も、事業を継続するなかでは様々な苦難に直面するであろう。壁にぶつかり、それを乗り越えようともがき苦しむうちに心が折れてしまう可能性もある。仲間や取引先に騙されて人間不信に陥る人も出てくるかもしれない。

イノベーター（アントレプレナー）として生きることを決意され実行された（る）読者諸兄（私も含めて…）が、より良い社会の実現のため苦難に負けず頑張り続けて下さることを願い、ここに世界の名言＆格言を紹介したいと思う。

心が折れそうになったら、いつでもこのページを開いて頂きたい。

(1)　目標と計画が無いなら、努力と勇気がいくらあっても駄目なんだよ。
（ジョン・F・ケネディ）

(2)　価値ある事業は、ささやかで人知れぬ出発、地道な労苦、少しずつ向上しようとする風土のうちで、真に発展し、開花する。
（フローレンス・ナイチンゲール）

(3)　一人の人間としてこの世に生を承けながら、ただただ自分のことだけを考えて生き、それで死んで行くなんて。
…せっかく人間として生まれた甲斐が、ないのではないでしょうか。
（アウン・サン・スー・チー）

(4)　みんなが賛成することはたいてい失敗し、反対することはたいてい成功する。

（鈴木敏文）

(5)　自ら機会を創り出し、機会によって自らを変えよ。

（江副浩正）

(6)　転んでもただでは起きるな。そのへんの土でも拾ってこい。

（安藤百福）

(7)　努力の前に成功が来るのは、辞書の中だけである。

（ヴィダル・サース）

(8)　やってみない限り、成功も 100 パーセントありえない。

（ウェンレイ・グレッキー）

(9)　やってみなはれ。

（鳥井信治郎）

(10) 力は、あなたの弱さから生まれる。

（ジークムント・フロイト）

(11) 障害は僕にとって　自分が何がしたいかを探す　いいきっかけになった。

（花岡伸和）

(12) 私は敵を倒した者より、自分の欲望を克服した者のほうを、より勇者とみる。自らに勝つことこそ、最も難しい勝利だから。

（アリストテレス）

(13) 熾烈な出世競争（ラットレース）の問題は、たとえ競争に勝っても鼠（ラット）であることに変わりはないことだ。

（リリー・トムリン）

(14) スピードよりも方向が大切だ。

（リチャード・L・レヴァンス）

(15) 未来に前例などない。迷ったら新しいほうを選ぼう！

（山本寛斎）

(16) 考えを蒔いて、行動を収穫する。行動を蒔いて習慣を収穫する。習慣を蒔いて人格を収穫する。人格を蒔いて運命を収穫する。

（デイビッド・O・マッケイ）

(17) すべての進歩は、収入以上の生活がしたいという、あらゆる有機体組織の共通の本有の欲求に基づくものである。

（エドマンド・バーグ）

(18) いま強くなる稽古と3年先に強くなるための稽古と
両方をしなくちゃならない。

（千代の富士）

(19) つまづいたって　いいじゃないか　にんげんだもの。

（相田みつを）

(20) １年前の悩み事、言える人いますか？

（斎藤一人）

(21) 成功の 80 パーセントは人を出し抜いた結果だ。

（ウディ・アレン）

(22) 電気の発明をしたのはベンジャミン・フランクリンだが、お金を儲けたのは、メーターを発明した人だ。

（アール・ウォーレン）

(23) カメを見ろ。カメは甲羅から首を出したときにのみ前進する。

（ジェームズ・ブライアント・コナント）

(24) 状況？　何が状況だ。俺が状況を作るのだ。

（ナポレオン・ボナパルト）

(25) 余は口下手で人を説得することはできかねる。であるから、行動で示すのみ。

（毛利敬親）

(26) 人類の不幸の大半は、ものごとの価値を図り間違えることによってもたらされる。

（ベンジャミン・フランクリン）

(27) 自分は人と違ったことがしたい。世の中がバカじゃないなら、自分はバカでありたい。

（中村栄利）

(28) マグマは溜めておけ！　大事なときに噴火させろ！
（甲本ヒロト）

(29) 私の当時の夢は、命のある限り、時が近づきつつあった新しいアジアの建設に全力を尽くすことだった
（「アラビアのロレンス」ことT・E・ロレンス）

(30) 心が優しい人だけだったら、だれもよきサマリア人のことなど覚えていなかったでしょう。彼にはお金もあったのです。
（マーガレット・サッチャー）

(31) たいていの場合、経済を勉強して明らかになるのは、何を買うにしても去年買うべきだったということだ。
（マーティ・アレン）

(32) そうです。今これを読んでいる瞬間にも、世界はあなたをこの上なく幸せで、健康で、成功を極めた人物にしようと企んでいるのです。そしてあなたはそれを止めることはできないのです。
（スティーブ・バイアマン）

(33) 財産を築く最短で最良の方法は、あなたに利益をもたらすことが自分たちの得になることを人々にはっきりとわからせることである。
（ジャン・ド・ラ・ブリュイエール）

(34) エキスパートとは、ごく限られた分野で、ありとあらゆる間違いをすべて経験した人である。
（ニールス・ボーア）

(35) 私は貧乏だったことがない。ただ金欠だっただけだ。貧乏とは人の心のありようを言い、金欠とは一時的な状況を言う。
（マイク・トッド）

(36) 私は決して障害に屈しはしない。いかなる障害も、私の中に強い決意を生み出すまでだ。
（レオナルド・ダ・ヴィンチ）

(37) 金銭問題を気にする必要はありません。男らしさと献身が本物であれば、金は付いてきます。
（新島襄）

(38) 不満は、進歩するために最初に必要となるもの。
（トーマス・エジソン）

(39) 人間うまれたときは裸だ。失敗して裸になっても、もとにかえるだけじゃないか。
（力道山）

(40) 人は、欲望の大きさの分だけ小さくなり、大志の大きさだけ偉大になる。
（ジェームズ・アレン）

(41) この世には、不思議な力がたくさん潜んでいて、我々の知力が冴えるのを辛抱強く待っている。
（イーデン・フィルポッツ）

(42) 商品がよければ、優れたマーケッターである必要はない。
（リー・アイアコッカ）

(43) 変化こそ唯一の永遠
（岡倉天心）

(44) 重要なのは、１人で飛び出したときに追随する２人目をどうつくるか。
（津田大介）

(45) 最初に来た者が牡蠣にありつける。二番手が手にするのは殻だけだ。
（アンドリュー・カーネギー）

(46) あきらめない奴を負かすことはできない。
（ベーブ・ルース）

(47) 決して屈するな。決して屈するな。決して屈するな。
（ウィンストン・チャーチル）

(48) たくさんのことを片付けるための一番手っ取り早い方法は、一度に一つのことをやることだ。
（サミュエル・スマイルズ）

(49) 失敗の最大の原因は、往々にして、粘りが足りないことである。
（ジグ・ジグラー）

(50) 好きなことがやれて、しかもそれが意義のあることに思えるとしたら、これ以上楽しいことなどある？
（キャサリン・グラハム）

(51) 考えてみな。本当に不安なのはテメエだけか？

（矢沢永吉）

(52) 私は常々思ってきた。人の取る行動は、その人の考えも最も的確に表明するものであると。

（ジョン・ロック）

(53) いろんなことがうまくいかないのが当たり前なんだ。好調はたまたま、不調こそ人生。

（桜井章一）

(54) 人生とは、一つの大きなセミナーだ。

（ビル・マーティン）

(55) 真に望むゴールに向かって行動を起こした時に、恐怖心は消え始める。

（ロバート・G・アレン）

(56) 優れたサービスは、お客さまがしてほしいと思うことをすることです。

（小倉昌男）

(57) 常に改善、常に前進。　スピード！　スピード！　スピード！

（三木谷浩史）

(58) 20 代で名乗りを上げ、30 代で 1000 億円貯め、40 代でひと勝負し、50 代で事業を完成させ、60 代で事業を後継者に引き継ぐ。

（孫正義）

(59) 雨が降れば傘をさす。
（松下幸之助）

(60) 1人の子ども、1人の教師、1冊の本、そして1本のペン、それで世界は変えられます。教育こそがただ1つの解決策です。教育を第一に。
（マララ・ユスフザイ）

(61) やってみせて、言って聞かせて、やらせてみて、ほめてやらねば人は動かじ。話し合い、耳を傾け、承認し、任せてやらねば、人は育たず。
やっている、姿を感謝で見守って、信頼せねば、人は実らず。
（山本五十六）

(62) あなたの夢は何か、あなたの目的とするものは何か、それさえしっかり持っているならば、必ずや道は開かれるだろう。
（マハトマ・ガンジー）

(63) 「負けたことがある」というのがいつか大きな財産になる。
（堂本五郎）

(64) チャンスに照れちゃダメです。「自分はまだ経験が浅いもので」なんていう必要はない。
（箭内道彦）

(65) 大きなことはできなくとも　大きな愛で小さなことならできるのです。
（マザー・テレサ）

(66) 努力する人は希望を語り、怠ける人は不満を語る。
（井上靖）

(67) 夢見ることができるなら、どんなことでも実現できる。

（ウォルト・ディズニー）

(68) 夢は逃げない。逃げるのはいつも自分だ！

（高橋歩）

(69) 小さいことを積み重ねるのが、とんでもないところへ行くただひとつの道だと思っています。

（イチロー）

(70) 正直者はバカを見る。でもね、夢も見るんだよ。

（瓜田純士）

(71) 一歩を踏み出せるなら　もう一歩も踏み出せる。

（トッド・スキナー）

(72) やりたいことが見つからなくて悶々としている時は、金を貯めろ。
いざという時、飛ぶために。

（スガシカオ）

(73) 何度も何度も失敗し、打ちのめされた。それが、俺の成功した理由だ。

（マイケル・ジョーダン）

(74) 自分の根っこを見つけて、水をやり続けるんです。

（武田双雲）

(75) 自分を勝ち取るためにルールを作る側に立とうと思った。

（河村隆一）

(76) 恥はかけばいい。だけど、自分に恥ずかしいことはしたくない。
（新井田豊）

(77) 人に期待されるのがモチベーションになるんです。
期待されたい。多くのお客様に期待してほしい。
（ジェフ・ベゾス）

(78) 日本はいつも生まれ変わる国である。
（アーネスト・フェノロサ）

(79) 批評は人の自由、行蔵（出処と進退）は我に存す。
（勝海舟）

(80) 金を儲けることだけに軸足を置いたビジネスは、最も脆いものである。
（ヘンリー・フォード）

(81) 運ではない。おれは左様なものは信ぜぬ。義をのみ、信じている。
（石田三成）

(82) 私は大声で叱る。私はまだかつて嫌いになった人に逢ったことがない…
どころでない。けれども実は好きだから叱る。
（淀川長治）

(83) 泣きたいときは、何時でも先生のところへいらっしゃい。先生も一緒に
泣いてあげる。
（映画『二十四の瞳』大石久子先生の台詞）

(84) 変わらずに生き残るためには変わらなければならない。

（ルキノ・ヴィスコンティ）

(85) 同士をつのり、朝廷より先づ神州をたもつの大本をたて、日本を今一度せんたく（洗濯）いたし申候。

（坂本龍馬）

(86) 挑戦すれば、成功もあれば失敗もあります。でも挑戦せずして成功はありません。何度も言いますが、挑戦しないことには始まらないんです。

（野茂英雄）

(87) I have a dream.（私には夢がある。）

（マーティン・ルーサー・キング・ジュニア）

(88) 人間五十年、下天の内をくらぶれば、夢幻の如くなり
一度生を享け、滅せぬもののあるべきか

（織田信長）

(90) 戦わずして勝ちを得るのは、良将の成すところである。

（豊臣秀吉）

(91) 決断は、実のところそんなに難しいことではない。難しいのはその前の熟慮である。

（徳川家康）

(92) 物事を成就させる力は何か、その力の中にはむろん能力があろう。だが能力は必要な条件であっても十分な条件ではない。十分な条件とは、その能力に、機動力、粘着力、浸透力、持続力などを与える力である。そのような諸力を私は執念と呼びたい。

（土光敏夫）

(93) 我々の行動のすべては、顧客の獲得か、顧客の維持を目的としている。

（ジャック・ウェルチ）

(94) 皆がマイナス思考に陥っているときにこそ、違う視点から市場を見つめ、大胆に行動することこそがマーケティングの真骨頂なのです。

（フィリップ・コトラー）

(95) 他社とは異なる選択をすることで差別化を図ると同時に、万人を喜ばせるのとは別の方向へ進む。戦略の本質を簡潔に言い表せばこうなります。

（マイケル・E・ポーター）

(96) ビジネスというオリンピックに参加した以上、会社は絶対に勝たなければならない。

（盛田昭夫）

(97) 私の最大の光栄は、一度も失敗しないことではなく、倒れるごとに起きるところにある。

（本田宗一郎）

(98) 真摯さはごまかせない。

（ピーター・ドラッカー）

(99) 人々を幸福にすることを働く目的にしている限り、現状に満足することはありえない。

（稲盛和夫）

(100) 私たちの存在は、夢と同じような儚いもの。この小さな人生は、眠りによってけりがつくものなのだから。

（シェイクスピア）

(101) 夢なき者は理想なし、理想なき者は信念なし、信念なき者は計画なし、計画なき者は実行なし、実行なき者は成果なし、成果なき者は幸福なし、ゆえに幸福を求むる者は夢なかるべからず。

（渋沢栄一）

(102) 成せば成る　成さねば成らぬ　成る業を　成りぬと捨つる　人のはかなき（できると思えばできることを、できないと諦めるな）

（武田信玄）

(103) 卓越したビジネスとして素早い成功を収めるカギは、顧客と恋に落ちることだ。彼らの暮らしに利益、利点、豊かさ、保護、相互にとっていい関係をもたらすことを本当の目的に据えることができれば、すぐに卓越を達成することができる。

（ジェイ・エイブラハム）

(104) 人生はマラソンなんだから、１００メートルで一等をもらったってしょうがない。

（石坂泰三）

(105) 天才はついに努力に及ばない。

（稲山嘉寛）

(106) 身を粉にするな、頭を粉にせよ。最悪のあとには必ず最善がある。いかなる苦境にも屈しない強さを身につけていれば、おのずと道は開ける。

（藤田田）

(107) 偉大な人々は、常に凡庸な人々からの激しい抵抗にあってきました。

（アルバート・アインシュタイン）

(108) 努力は人一倍する必要があるが、その努力も、可能性があってはじめて報われる。

（山田昇）

(109) 才あれども勤めずんば、何をもって才を成さんや。

（吉田松陰）

(110) １００回叩くと壊れる壁があったとする。でもみんな何回叩けば壊れるかわからないから、９０回まで来ていても途中で諦めてしまう。

（松岡修造）

(111) 努力は、人生を楽しくするものだと私は考えています。そうすれば、継続が苦になりません。

（松沢幸一）

(112) 社会というところは、短期間に見ればアンフェアなところもある。しかし、長期的に見ればフェアなものだ。それだけに努力さえしていれば、必ず誰か一人は見ていることを忘れるな。
（紀田順一郎）

(113) 失うことを恐れるあまり必要なものを手に入れることも断念するという人は、理屈にも合わないし、卑怯である。
（プルタルコス）

(114) 自分で１００％の努力をするよりも、むしろ１００人の１％ずつの努力を味方につけたいところだ。
（ジャン・ポール・ゲディ）

(115) 問題は未来だ。だから私は、過去を振り返らない。
（ビル・ゲイツ）

5．創業資金の調達戦略

－小さな起業家が確実にお金を手にするために
知っておきたいこと－

1）公的資金（国や自治体のお金）での資金調達を優先的に考える

十分な自己資金を用意して起業できる人は多くないはずである。とりわけ、若年層にその傾向は強い。

起業に際して念頭に置いて欲しいのは、国や自治体の支援制度の活用である。

国や自治体では、起業家のための様々な支援制度を設けている。民間の金融機関に比べればはるかに好条件の融資制度が代表的で、これらを上手に活用すれば、相当なことができる。おまけに、国や自治体からの融資は、仮に事業が失敗した場合でも、民間の金融機関のような厳しい取り立てはない。

誤解を恐れずに書かせて貰うと、国や自治体の金融機関から融資を受けるのは、そう難しくはない。公的金融機関は民間の金融機関（とりわけ銀行）に比べると「審査が甘い」のである。

国や自治体の金融機関は、融資を受ける際には一定の要件（条件）を設けている。しかし、この要件を満たしていて融資枠に空きがあれば、融資を受けられる可能性が高い。民間の銀行は、人物（起業家）の信用力をすみずみまでチェックする。これから起業しようという人に対しては、よほどの担保がない限り融資はしてくれないと考えたほうが賢明である（銀行も融資姿勢に変化を見せつつあるが、担当者がベンチャー企業のビジネスモデルの評価に疎く、担保に乏しいベンチャー企業への融資ノウハウも未確立の場合が多いため、まだまだ融資されない場合が多いのが現実である）。仮に民間の銀行から融資を断られても、国や自治体の金融機関から融資を受けられることは多々ある。

ただ、国や自治体の融資制度（や助成制度）を利用する場合のデメリットは、手続が面倒なこと、そして時間がかかることである。緊急に事業資金が必要な場合は余り役に立たない。

2）日本政策金融公庫から融資を受ける

起業の場合は、予め資金計画を立てることが可能で、緊急に〔創業〕資金が必要だということは余りないであろう。そうした点を考えると、民間の金融機関より公的金融機関からの資金調達を最優先に考えるほうが賢明な選択といえよう。

通常の起業において、事業資金を融資してもらおうと考える場合に最初にあたっていただきたいのは日本政策金融公庫である。

日本政策金融公庫は、従来の国民生活金融公庫、中小企業金融公庫及び農林漁業金融公庫が平成20年10月に合併してできたものである。中小企業全般の融資を行っているが、創業資金の融資なども積極的に行っている。

起業（創業）の場合の融資限度額は4800万円（特定の設備資金融資の場合は7200万円）とされている。ただし、創業資金の3分の1以上は、自分で用意する必要がある。

利率は、借入期間や条件などによって多少の幅があるものの、民間の銀行からの借入利息に比べれば非常に低い利率といえる。

日本政策金融公庫には、事業計画書（創業計画書）等の提出が必要で、審査もされる。したがって、融資を申請すれば100%融資を受けられるとは限らない(それでも、民間の銀行よりはるかに資金を借りやすいとされている)。

起業（創業）の融資には普通の創業融資のほか、「女性、若者／シニア起業家支援資金」という融資制度もある。国民生活事業が扱う「女性、若者／シニア起業家支援資金」は、女性または30歳未満か55歳以上の新たに事業を始める人か、事業開始後約7年以内の人が対象で、融資額は7200万円以内（うち運転資金4800万円以内）となっている。返済は設備資金が15年以内（特に必要な場合は 20 年以内）＜うち据置期間２年以内＞、運転資金が５年以内（特に必要な場合は７年以内）＜うち据置期間１年以内＞とされている。

日本政策金融公庫では、創業者の特徴に応じた様々な融資制度により、創業融資企業数は年間２万企業以上に及ぶ。また同事業では、融資のみならず様々な創業支援を行っている。各地域において、市区町村、商工会議所、大学などの創業支援機関と連携し、創業を検討する人がワンストップで創業支援の情報を入手できるよう、全国 179 カ所で創業支援ネットワークを構築している。

また、152 カ所の日本政策金融公庫全支店に設置する「創業サポートデスク」や、フリーダイヤル「創業ホットライン」（0120－154－505）において、創業に関する様々な相談に応じており、“身近”で“気軽”に創業について相談できる体制を構築している。

また、日本政策金融公庫も通常は保証人か担保が必要であるが、一定の要件を満たしていれば、担保も保証人もなしで貸してくれる「新創業融資制度」という制度がある。

創業資金のために必要となる書類は以下のとおりである。

①借入申込書〔「借入申込書」とその記入例を本書 36 頁 - 38 頁に掲げている（日本政策金融公庫の HP から入手可能）〕

②企業概要書

③創業計画書（日本政策金融公庫所定の様式がある）

④見積書（設備資金を申し込む場合）

⑤法人の登記簿謄本

⑥不動産の登記簿謄本（不動産担保の場合）

さらに、日本政策金融公庫は、運転資金など小口資金の貸し付けも積極的に行っているので、事業資金の調達先として、「使い勝手の良い」金融機関といえる。

日本政策金融公庫の新規開業資金の融資条件等

融資条件	次のいずれかに該当する〔人〕 1．現在、6年以上勤務している業種での開業を予定している〔人〕 2．大学等で習得した技能等と密接に関連した職種に継続して2年以上勤務しており、その業種と密接に関連した業種で開業する〔人〕 3．技術やサービス等に工夫を加え多様なニーズに対応する事業を始める〔人〕 4．雇用の創出を伴う事業を始める〔人〕 5．産業競争力強化法に規定される認定特定創業支援事業を受けて事業を始める〔人〕 6．地域創業促進支援事業による支援を受けて事業を始める〔人〕 7．日本政策金融公庫が参加する地域の創業支援ネットワークから支援を受けて事業を始める〔人〕 8．民間金融機関と日本政策金融公庫による協調融資を受けて事業を始める〔人〕 上記1～8のいずれかを満たし開業して概ね7年以内の〔人〕 〔「女性、若者／シニア起業家資金」の場合は、女性または30歳未満の若者または55歳以上のシニア（高年齢者）が創業すること〕
融資額上限	7200万円 （うち運転資金は4800万円）
返済期間	運転資金5年以内、設備資金15年以内
利率	条件によって異なるが、民間の金融機関よりは〔借り手にとって〕有利

（2015年3月現在）

ところで、日本政策金融公庫は、その名の通り、わが国の「政策」を促進する役割を担う側面があることを否定できない、読者諸兄の多くがご存じの通り、わが国では安倍首相の下、〔産業〕構造改革が叫ばれ、成長戦略分野への積極的進出が求められている。そのため、新規就農や海外展開のための融資制度も設けられている。読者（起業家）には参考になると思われる制度なので、「青年等就農資金」及び「スタンドバイ・クレジット制度」を紹介しようと思う。

◎　青年等就農資金

農林水産事業が扱う「青年等就農資金」は、政府が日本再興戦略で掲げた「新規就農者を倍増させる」という目標の実現を後押しするため、都道府県が取り扱っていた旧制度を2014年4月に引き継ぎ拡充したものである。

就農段階から農業経営の改善・発展段階まで一貫した農業の担い手支援ができるよう、①法人でも利用可能（従前は個人のみ）、②農業経営開始後でも利用可能、③長期運転資金の借入対象時期を5年間の青年等就農計画期間中へ拡大（従前は初年度のみ）する、などとし、利便性が向上した。

資金の使い道は、施設・機械の取得のほか、農薬費など経営初期に必要となる長期運転資金と幅広い。

融資限度額は3,700万円。償還期限は12年以内（うち据置期間5年以内）。原則、担保は融資対象物件のみで第三者の保証人は不要。実質的な無担保・無保証制度であるほか、借入期間中にわたり無利子というメリットがある。利用にあたっては市区町村による「青年等就農計画」の認定が必要。

◎　スタンドバイ・クレジット制度

中小企業事業が扱う「スタンドバイ・クレジット制度」は、中小企業の海外現地法人などが、日本政策金融公庫と連携する海外金融機関から現地流通通貨建て長期資金の借り入れを行う際、その債務を保証するため日本政策金融公庫がスタンドバイ・クレジット（信用状）を発行することで、円滑な資金調達を支援するものである。

同制度は2012年8月からスタートし、現在、タイ、フィリピン、韓国、シンガポール、インドネシア、ベトナム、マレーシア、メキシコの8カ国の各国1金融機関と業務提携を行っている。為替変動リスクの回避や現地法人の資金調達の多様化支援を目的としており、現地法人の自立化を後押しする。2015年1月末までに延べ91社が利用している。

また、2013年10月には、より多くの中小企業がこの制度を利用できるよう、日本政策金融公庫では地域金融機関と連携したスキームの取り扱いを開始した。2015年1月末までに日本政策金融公庫と連携を開始した地域金融機関は50行。連携スキームによる信用状発行実績は、延べ5社（延べ91社の内数）となっている。

受付
月日

受付
番号

借入申込書

(普通貸付・特別貸付・生活衛生貸付用)

株式会社日本政策金融公庫

(国民生活事業)

借入申込書は、裏面の「公庫におけるお客さまの情報の取扱に関する同意事項」にご同意のうえ、ご記入ください。

お申込人名	フリガナ 法人名・商号(屋号)(ゴム印でもかまいません。) フリガナ 個人事業主の方・法人代表者の方のお名前 (自署でお願いします(ゴム印は使用しないでください。)。) 個人事業主の方または法人代表者の方の { 性別 男・女 / 生年月日 大・昭・平 年 月 日	お申込人の方の印 印

〒□□□-□□□□ ☎( )-( )-( ) フリガナ 本店所在地 ビル・マンション名(号室)	〔本店所在地の不動産 所有・借用〕	主な ご郵送先 □
〒□□□-□□□□ ☎( )-( )-( ) フリガナ 営業所所在地 ビル・マンション名(号室)	〔営業所所在地の不動産 所有・借用〕	□
〒□□□-□□□□ ☎( )-( )-( ) フリガナ お申込人または法人代表者の方のご住所 ビル・マンション名(号室)	〔ご住所の不動産 所有・借用〕	□

携帯電話	お申込人・代表者	( )-( )-( )
	上記以外の方〔 〕	( )-( )-( )
パソコン Eメールアドレス	@	

「事業者サポートマガジン」のメール配信を希望される方は、右記の□に✓をつけてください。

お申込金額	万円
お借入希望日	月 日
ご希望の返済期間	年 (うち据置期間 ヵ月)

資金のお使いみち(注)	運転資金 万円	設備資金 万円
	(該当する項目に○を付けてください。)	
	(1) 商品、材料仕入 (2) 買掛、手形決済 (3) 諸経費支払 (4) その他	(1) 店舗・工場 (2) 土地 (3) 機械設備 (4) 車両 (5) その他

当公庫とのお取引	有 最新のお取引番号( )
	無 どこで当公庫をお知りになったかA群、B群から1つずつ該当するものに○を付けてください。

A群(団体):1 公庫 2 商工会議所・商工会 3 生衛組合・指導センター 4 金融機関 5 税理士 6 取引先、同業者、(元)勤務先 7 中小企業支援センター 8 地方公共団体 9 その他

B群(媒体):1 口コミ 2 ホームページ 3 相談会 4 セミナー、イベント 5 会報誌、広報誌、メールマガジン 6 新聞、雑誌等のメディア

創業年月	明・大・昭・平 年 月 創業・創業予定 (個人で創業された後、法人を設立された方は、個人で創業された年月)
業種	従業員数 〔家族従業員を含みます〕 人

お申込人または法人代表者の方のご家族	続柄	お名前	年齢	ご職業・学年

(注) 原則として他の金融機関の借入金のお借替えにはご利用いただけません。

借入申込・調査には手数料・調査料等は一切不要です。

□「事業者サポートマガジン」の配信を希望しますので、登録上の注意事項(http://www.jfc.go.jp/k/tyuui.pdf を参照)に同意します。配信のために登録する名前、住所、Eメールアドレス等は、本借入申込書、名刺等に記載しているものとしてください。

次のいずれかをご選択ください

保証・担保の条件について、次のA・Bのいずれかを選択していただき、チェック欄□に✓印をお付けください。
また、法人のお客さまで経営者保証の免除をご希望される方はCのチェック欄□に✓印をお付けください。
(選択された内容により、適用される利率が異なります。)
他にも無担保・無保証人の制度はございますので、くわしくは公庫の窓口までお問い合わせください。

A 担保の提供を希望しない。

- 新たに事業を始める方 税務申告を2期終えていない方
  新創業融資制度(注1)
  <無担保・無保証人(原則)>
  チェック欄 □
- 税務申告を2期以上行っている方
  担保を不要とする融資(注2)
  法人:無担保・代表者保証(原則)
  個人:無担保・無保証人(原則)
  チェック欄 □

B 不動産等の担保の提供などを希望する。
・(根)抵当権の設定等の手続きが必要です。
チェック欄 □

C 「経営者保証免除特例制度」の各要件に該当し、法人代表者の方の連帯保証を免除できる制度を希望する。
・税務申告を2期以上行っていること、公庫とのお取引が1年以上あること、「中小企業の会計に関する指針」または「中小企業の会計に関する基本要領」を適用されていること、法人・個人の一体性の解消が図られていること(認定経営革新等支援機関等の外部専門家による検証を受けることが必要です。)等、一定の要件がございます。
・当該制度を適用する場合、一定の利率が上乗せされます。
チェック欄 □

(注1)・原則、無担保無保証の制度です。代表者個人には責任が一切及ばないものとなっております。お客様がご希望される場合は、代表者が連帯保証人となることも可能です。その場合は金利が0.1%低減されます。
(注2)・これまでの事業実績や事業内容を確認するほか、所得税等を原則として完納していることを確認させていただきます。

法人代表者の方で経営者保証免除特例制度を希望されない場合は裏面の「連帯保証に関するご案内」を必ずお読みください。

(国民生活事業取扱) 100-1102 (27.02) (TO) 500 オビ

公庫におけるお客さまの情報の取扱に関する同意事項

1　お客さまの情報の利用目的

この借入申込書および提出書類によりご提供いただきましたお申込人(法人の場合は代表者の方を含みます。)、そのご家族(法人の場合は代表者の方のご家族)および予定連帯保証人の方の情報の利用目的は次のとおりといたします。

なお、予定連帯保証人ご本人さまに利用目的についてのご同意をご確認ください。ご契約時には、連帯保証人ご本人さまに利用目的についてのご同意を書面にて確認させていただきます。

①　お客さまのご本人の確認(融資制度等をご利用いただく要件等の確認を含む。)
②　ご融資のお申込の受付、ご融資の判断およびご融資後・お取引終了後の管理
③　ご契約の締結、法律等に基づく権利の行使や義務の履行
④　アンケートの実施等による調査・研究および参考情報の提供
⑤　融資制度等のご案内のためのダイレクトメールの発送等(任意)
⑥　ご質問、お問い合わせ、公庫からの照会その他お取引を適切かつ円滑にするための対応

⑤の利用目的の同意につきましては、任意ですので、同意されない方は、次の□に✓をつけてください（**お借入の可否の判断には関係ございません。**）。
なお、同意されない方で、表面で「事業者サポートマガジン」の配信を希望された方には、「事業者サポートマガジン」に限り配信させていただきます。
□公庫が⑤の利用目的で利用することに同意しません。

2　個人信用情報機関の利用・個人信用情報機関への登録等

①　公庫が必要と認めた場合、公庫が加盟し利用・登録する個人信用情報機関(注の1)および同機関と提携する個人信用情報機関(注の2)に、お申込人（法人の場合は代表者の方）の個人情報（各機関の加盟会員によって登録される契約内容、返済状況等の情報）が登録されている場合には、それを与信取引上の判断（返済能力の調査または転居先の調査をいう。ただし、返済能力に関する情報については返済能力の調査の目的に限る。以下同じ。）のために利用させていただきます。
②　公庫が、このお申込に関して公庫が加盟し利用・登録する個人信用情報機関を利用した場合には、その利用した日および本申込の内容等が同機関に6ヵ月間登録され、同機関の加盟会員によって自己の与信取引上の判断のために利用されます。
③　このお申込により公庫から借入する場合、借入金額、契約締結日および返済状況等の当該借入に関する個人情報が、公庫が加盟し利用・登録する個人信用情報機関に登録され、同機関の加盟会員および同機関と提携する個人信用情報機関の加盟会員によって、自己の与信取引上の判断のために利用されます。

(注)　個人信用情報機関は次のとおりです。各機関の会員資格、会員名等は各機関のホームページに掲載されています。

1　公庫が加盟し利用・登録する個人信用情報機関	株式会社　シー・アイ・シー	(http://www.cic.co.jp/)	〔TEL　0120－810－414〕
2　前1の機関と提携する個人信用情報機関	全国銀行個人信用情報センター	(http://www.zenginkyo.or.jp/pcic/)	〔TEL　03－3214－5020〕
	株式会社　日本信用情報機構	(http://www.jicc.co.jp/)	〔TEL　0120－441－481〕

連帯保証に関するご案内

重要な事項が記載されておりますので、次の連帯保証に関するご案内をお読みください。

①	連帯保証人の責務	借主の方が約定どおりご返済いただけない場合、借主の方に代わり、連帯保証人の方にご返済いただくことになります。
②	連帯保証人の特徴	連帯保証人の方は、次の事由がある場合においても公庫からのご返済の請求を拒むことはできません。 ア．公庫が借主の方へご返済の請求を十分に行っていないこと。 イ．借主の方が資産を所有していること。
③	連帯保証人の責任の範囲	複数の連帯保証人の方がいる場合であっても、連帯保証人の方それぞれが、お借入金、利息および損害金（以下「お借入金等」といいます。）ならびにお借入金等から生じる一切の債務の全額について責任を負担することとなります。

添付書類のご案内(個人と法人でお申込時に必要な書類が異なります。)

個人営業の方	・企業概要書（はじめてご利用される方） ・申告決算書　最近2期分
法人営業の方	・企業概要書（はじめてご利用される方） ・法人の履歴事項全部証明書または登記簿謄本(はじめてご利用される方) ・最近2期分の確定申告書・決算書(勘定科目明細書を含む。) ・最近の試算表（決算後6ヵ月以上経過している場合）
生活衛生貸付をお申込みになる方	上記のほか、原則として都道府県知事の「推せん書」または「振興事業に係る資金証明書」

☆　これから創業する方や創業直後で決算がお済みでない方は、創業計画書が必要です。
創業計画書の様式は、支店の窓口にご用意しておりますが、お客さまご自身が作成されたものでも結構です。

☆　設備資金の場合は見積書、担保をご希望の場合は不動産の全部事項証明書または登記簿謄本等が必要です。

☆　必要に応じ、その他の書類をお願いすることがあります。

（このお申込書および法人の履歴事項全部証明書等はお返しできませんので、あらかじめご了承ください。）

公庫処理欄

受付月日
受付番号

借入申込書

(普通貸付・特別貸付・生活衛生貸付用)
株式会社日本政策金融公庫
(国民生活事業)

借入申込書は、裏面の「公庫におけるお客さまの情報の取扱に関する同意事項」にご同意のうえ、ご記入ください。

お申込人名

フリガナ カ) コウガワ ショウテン
法人名・商号(屋号)(ゴム印でもかまいません。)
株式会社 甲川商店
(お申込人の方の印:株式会社甲川商店印)

フリガナ コウガワ タロウ
個人事業主の方・法人代表者の方のお名前
(自署でお願いします(ゴム印は使用しないでください。)。)
甲川太郎

個人事業主の方または法人代表者の方の {性別 男・女 / 生年月日 大・昭・平 46年 11月 ×日}

		主なご郵送先
本店所在地	〒100-0004 ☎(03)-(3270)-(XXXX) フリガナ チヨダク オオテマチ 千代田区大手町1-9-3 ビル・マンション名(号室) 〔本店所在地の不動産 所有・借用〕	☑
営業所所在地	〒 ☎( )-( )-( ) フリガナ 同上 ビル・マンション名(号室) 〔営業所所在地の不動産 所有・借用〕	□
お申込人または法人代表者の方のご住所	〒160-0023 ☎(03)-(3342)-(XXXX) フリガナ シンジュクク ニシシンジュク 新宿区西新宿1-14-9 ビル・マンション名(西新宿ハイツ301 号室) 〔ご住所の不動産 所有・借用〕	□

お申込金額	500 万円
お借入希望日	4 月 25 日
ご希望の返済期間	5 年 (うち据置期間 1 ヵ月)

携帯電話	
お申込人・代表者	(090)-(1234)-(XXXX)
上記以外の方〔 〕	( )-( )-( )

パソコンEメールアドレス kougawa @ xxx.xx.xx

「事業者サポートマガジン」のメール配信を希望される方は、右記の□に✓をつけてください。

☑「事業者サポートマガジン」の配信を希望しますので、登録上の注意事項(http://www.jfc.go.jp/k/tyui.pdf を参照)に同意します。配信のために登録する名前、住所、Eメールアドレス等は、本借入申込書、名刺等に記載しているものとしてください。

資金のお使いみち(注)

運転資金 200 万円 設備資金 300 万円

(該当する項目に○を付けてください。)

運転資金	設備資金
①商品、材料仕入	①店舗・工場
(2) 買掛、手形決済	(2) 土地
(3) 諸経費支払	③機械設備
(4) その他	(4) 車両
	(5) その他

当公庫とのお取引:有 最新のお取引番号( ) / 無 どこで当公庫をお知りになったかA群、B群から1つずつ該当するものに○を付けてください。

A群(団体):1 公庫 2 商工会議所・商工会 3 生衛組合・指導センター 4 金融機関 5 税理士 ⑥取引先、同業者、(元)勤務先 7 中小企業支援センター 8 地方公共団体 9 その他
B群(媒体):①口コミ 2 ホームページ 3 相談会 4 セミナー、イベント 5 会報誌、広報誌、メールマガジン 6 新聞、雑誌等のメディア

創業年月:明・大・昭・平 10 年 4 月 創業・創業予定
(個人で創業された後、法人を設立された方は、個人で創業された年月)

業種:菓子製造業(卸) 従業員数〔家族従業員を含みます〕 4 人

お申込人または法人代表者の方のご家族

続柄	お名前	年齢	ご職業・学年
妻	甲川 和子	38	家業
長男	〃 一夫	13	中学1年
長女	〃 小夜子	11	小学5年
二男	〃 二郎	9	小学3年

(注) 原則として他の金融機関の借入金のお借替えにはご利用いただけません。

次のいずれかをご選択ください

保証・担保の条件について、次のA・Bのいずれかを選択していただき、チェック欄□に✓印をお付けください。
また、法人のお客さまで経営者保証の免除をご希望される方はCのチェック欄□に✓印をお付けください。
(選択された内容により、適用される利率が異なります。)
他にも無担保・無保証人の制度はございますので、くわしくは公庫の窓口までお問い合わせください。

A 担保の提供を希望しない。

- 新たに事業を始める方 税務申告を2期終えていない方
  新創業融資制度(注1)
  <無担保・無保証人(原則)>
  チェック欄 □
- 税務申告を2期以上行っている方
  担保を不要とする融資(注2)
  〈法人:無担保・代表者保証(原則) 個人:無担保・無保証人(原則)〉
  チェック欄 □

B 不動産等の担保の提供などを希望する。

・(根)抵当権の設定等の手続きが必要です。

チェック欄 ☑

C 「経営者保証免除特例制度」の各要件に該当し、法人代表者の方の連帯保証を免除できる制度を希望する。

・税務申告を2期以上行っていること、公庫とのお取引が1年以上あること、「中小企業の会計に関する指針」または「中小企業の会計に関する基本要領」を適用されていること、法人・個人の一体性の解消が図られていること(認定経営革新等支援機関等の外部専門家による検証を受けることが必要です。)等、一定の要件がございます。
・当該制度を適用する場合、一定の利率が上乗せされます。

チェック欄 □

(注1)・原則、無担保無保証の制度です。代表者個人には責任が一切及ばないものとなっております。お客様がご希望される場合は、代表者が連帯保証人となることも可能です。その場合は金利が0.1%低減されます。
(注2)・これまでの事業実績や事業内容を確認するほか、所得税等を原則として完納していることを確認させていただきます。

法人代表者の方で経営者保証免除特例制度を希望されない場合は裏面の「連帯保証に関するご案内」を必ずお読みください。

(国民生活事業取扱) 100-1105 (27.02) TO 100 オビ

3）助成金・補助金の活用

加えて、国や自治体には、融資ではなく「助成金」という制度もある。助成金は、「雇用を促進するために、国が人件費や開業費の一部を負担してくれる支援金制度」であり、主に厚生労働省が管轄している。助成金は融資と異なり、返済不要の「貰えるお金」である。

読者のなかには「助成金を貰うのは難しいのでは？」と思っている人もいるかもしれない。だが、助成金は、基本的に一定の要件さえクリアしていれば、誰でも受給することができるものが多い。したがって、条件を満たす場合には、申請さえすれば貰えることが大半であるともいえ、各種の助成金について知っていると（起業家が知らない場合は、助成金に詳しい税理士などに依頼する）、事業資金調達に際して大きなアドバンテージとなる。

また、助成金と同様に返済不要の資金として「補助金」という制度もある。補助金は、「国や地方自治体が、ある一定の政策的な意図を持って、給付する返済不要の資金」である。ただし、補助金は公募を原則としており、応募者全員が貰えるというわけではない（もちろん、補助金は申請しない限り貰えないということも理解は容易であろう）。

ちなみに、次頁に掲げている補助金は、平成 26 年度補正予算及び平成 27 年度予算において、政府案として盛り込まれている内容である（平成 27 年２月末日現在）。この他にも、多数の補助金制度が設けられる見通しとなっている。

平成 26 年度補正予算案・平成 27 年度予算の補助金

名称（予算規模）	対象者、対象経費	補助率（上限額）
ものづくり・商業・サービス革新補助金（1,020 億円）平成 27 年 2 月 13 日公募開始	新商品・サービスの開発や業務プロセスの改善等を行う中小企業等で、事業革新に要する設備投資等を補助。	2/3（1,000 万円）
	上記の要件で、複数の事業主が共同して申請する場合。	2/3（5,000 万円）※500 万円/社
地域工場・中小企業等の省エネルギー設備導入補助金（930 億円）平成 27 年 2 月下旬公募開始	最新モデルで旧モデルと比較して年平均 1%以上の省エネ効果が確認できる機器等の導入をする者に導入費用を補助。	1/2～1/3 ※下限額 100 万円～
	工場・オフィス・店舗等の省エネ対策やエネルギーマネジメントに役立つ既存設備の改修をする者に改修費用を補助。	2/3～1/3
小規模事業者の持続化支援（252 億円）	小規模事業者が商工会・商工会議所と連携して販路開拓に取り組む場合、チラシ作製費用や商談会参加のための運賃などを補助。	2/3（50 万円）
	上記の要件で、雇用対策や買い物弱者対策への取組も行う場合。	2/3（100 万円）
	上記の要件で、複数の事業者が連携した共同事業の場合。	2/3（500 万円）
創業・第二創業促進補助金（58 億円）平成 27 年 3 月初旬公募開始	新たな需要を創造する新商品・サービスを提供する商業者に対して、店舗借入費や設備投資等の創業に要する費用を補助。	2/3（200 万円）
	事業承継を契機に既存事業を廃業し、新分野に挑戦する第二創業者に対して、人件費や設備費（廃業コスト含む）等の費用を補助。	2/3（1,000 万円）
中小企業・小規模事業者海外展開戦略支援事業（25 億円）	本格的な海外展開に向けた戦略策定や販路開拓につなげるため、事業化の可能性を調査する者で、調査費用や HP の外国語化、物流体制構築に要する費用を補助。	2/3（160 万円）

4）自治体の融資制度を活用する①－東京都（東日本）の場合－

事業資金の融資を希望する場合、日本政策金融公庫と同様に念頭に置いて欲しいのが自治体の融資制度である。

自治体によっては、中小企業に対して非常に充実した融資制度を持っている。自治体の融資制度は、条件を満たしていて融資枠の空きがあれば、比較的簡単に融資してもらえる。融資を受けたいと思っている場合、自分の住んでいる自治体の融資制度くらいは最低でも確認して欲しい。敢えて充実した融資制度を持つ自治体で起業するというのも重要な「経営判断」である。

東京都の主な中小企業向け融資制度

名称	主な条件	融資限度額	融資期間	利率（年率）
小口資金融資	信用保証協会の保証付融資残高が 1250 万円以下	1250 万円	運転資金 7 年以内 設備資金 10 年以内	固定金利 1.9%～2.5% 変動金利もあり
小規模企業融資	一定以下の規模の中小企業	8000 万円	運転資金 7 年以内 設備資金 10 年以内	固定金利 2.1%～2.7% 変動金利もあり
創業融資（新規創業）	創業を予定している者等	1000 万円	運転資金 7 年以内 設備資金 10 年以内	固定金利 2.1%～2.7% 変動金利もあり
創業融資（創業 5 年未満）	創業 5 年未満の中小企業等	2500 万円	運転資金 7 年以内 設備資金 10 年以内	固定金利 2.1%～2.7% 変動金利もあり

2015 年 3 月現在

なお、自治体の制度融資については、「××県　中小企業　融資」等でインターネット検索をすれば容易に判明する。また、都道府県の中小企業課などに直接問い合わせても良い。

ちなみに、東京都では、創業資金を 1000 万円まで融資してくれる制度がある。この制度は、これまで事業を行ったことがない個人が新たに事業を開始する際に 1000 万円まで融資してくれるという制度である。利子は、固定金利で 2.1%～2.7%と、民間の銀行等に比べるとかなりの好条件だといえる。

東京都の場合は、このほかにも中小企業への各種の融資制度が存在している。

5）自治体の融資制度を活用する②－福岡県（西日本）の場合－

次に福岡県の融資制度を紹介しようと思う。なぜ福岡県かといえば、福岡県の県庁所在地である福岡市が、「起業家の拡大」の国家戦略特区に選ばれているからである。

福岡県も、中小企業に対する融資制度では首都圏に劣らない充実ぶりである。

まず、創業資金では 1500 万円まで 1.6%の利息で借りられる制度がある。また、55 歳以上の創業者にはシニア特別枠として、創業資金シニア融資制度もある。これは 500 万円以内を 1.5%の利息で借りられる制度である。さらに、アジアに近い土地柄を反映し、アジア諸国向けの商品開発をした際には 1 億円を借りられる制度まである。

福岡県の主な中小企業向け融資制度

名称	主な条件	融資限度額	融資期間	利率（年率）
小口事業資金	信用保証協会の保証付融資残高が1250万円以下の者	1250万円	10年以内	固定金利 1.75%
新規創業資金	新規に創業する者、もしくは設立１年未満の中小企業	1500万円	運転資金 7年以内 設備資金 10年以内	固定金利 1.6%
シニア創業特別枠	55歳以上で新規に創業する者	500万円	運転資金 7年以内 設備資金 10年以内	固定金利 1.5%
アジアビジネス展開支援	アジア向け新製品の開発等を行う者	１億円	10年以内	固定金利 1.6%

2015年３月現在

6．起業家が事業を飛躍させるコツ

―本当に使える専門家（税理士 etc）を見つけよう―

1）本当に使える専門家を上手に利用する

起業のために必要なノウハウ及び起業後の経営を効率よく行うためには、対価を払って専門家（税理士、社会保険労務士など）に依頼する（活用する）ことも検討すべきであろう。

起業家はとにかく忙しい。時間的なロスを考えれば、専門家に任せるほうがはるかに効率的である。起業準備段階でも専門家を活用することによって、ノウハウの蓄積速度を飛躍的にアップすることも可能だ。それぞれの分野に多種多様の専門家がいるので、コンサルティングを依頼することも検討する価値があろう。

なお、起業支援を行っているインキュベーターには各種の専門家が所属し（あるいは提携し）、最初の相談は無料で対応してくれることもある。だが、「士業」等の専門家は、自らが有するノウハウや知識・情報が「売り物」であるため、無料で対応できる範囲をある程度限定していると考えて良い。本当に使える専門家を見つけ出し、ぜひ彼らから真に役立つノウハウや知識・情報を引き出して欲しい。もちろん、相応の対価を支払わないとそうしたノウハウ等の取得が難しいことくらいは、本気で起業を志す者であれば理解できるはずである。

インターネットや書籍では得られない貴重なノウハウや知識・情報を伝授して貰いたい場合は、本当に使える専門家を活用すべきであり、それを実践した起業家のみが事業を飛躍・発展させられると考えて間違いない。

2）創業当初は白色申告の採用も検討すべき

ここでは、「本当に使える税理士」について、「個人事業者の所得税」の申告を例に説明してみたい。

既述の通り、編著者（安達）は、本格的に起業をする前にソフト・スタートをしてビジネスを実感する(皮膚感覚で身に付ける)ことをすすめている。その場合、いきなり会社組織にするのではなく、スタート時は個人事業で行うほうが税務申告上も無理がなく、本来の事業に専念できる。会社組織にした場合の税務申告は、それなりに専門的な知識が必要となるからである。

「会計や税務申告は税理士に頼めば良い」との意見を持つ読者もおられるであろうが、税理士の資格は持っていても「使えない税理士」もいる。税務署（国）はもちろん、入門レベルの税金本の大半も青色申告〔もともと青色の申告用紙を使用して申告することから「青色申告」の呼び名があるが、平成 13 年以降の所得税申告書は青色ではなくなった。ただし、法人税申告書では現在でも別表一（申告書の表紙となる部分）が青色である（OCR 用紙を除く)。各税法上で青色申告の規定があり、実務上でも青色申告と呼ばれている〕を薦めているためか、起業家の中には、何の疑問も持たずに青色申告を選択している人も多い。

だが、〔税理士としての〕起業家育成・支援の現場経験から申し上げれば、起業したばかりの小規模事業者は青色申告より白色申告（白色申告とは、青色申告に対して用いられる原則的申告方法のこと。原則的方法であるため特例措置である青色申告における「青色申告書」のような「白色申告書」は存在せず、所得税法上は「青色申告書以外の申告書」と呼ばれ、白色の申告用紙が使われていることから「白色申告」と呼称されている。税法上は「白色申告」との記述はないが、タックスアンサー等の資料では「白色申告」は用語となっている）のほうが有利だといえよう。

青色申告というのは、「きちんと帳簿をつける見返りとして、多少の税金割引をします」という制度に過ぎない。

だが、この「きちんと帳簿をつける」ことが、会計初心者にはかなり大変である。

本来、〔社会貢献のために〕起業して事業を展開するアントレプレナーが、経営者として会計や税務に疎く「数字が苦手」では困るのだが、現実には簿記や会計を満足に勉強したこともないため「複式簿記」がわからない人も少なくない。

簿記や会計を勉強したことのない人が、「会計」や「経理」という言葉から連想するのは、売上から経費を差し引いて利益を算出する程度のことであろう。「小遣い帳」とほぼ同じ感覚である。この程度の会計（経理）処理であれば、簿記や会計を勉強した経験がなくてもなんとかなるかもしれない。だが、この帳簿は「単式簿記」なのである。

青色申告の場合、原則として複式簿記を採用しなければならない。

複式簿記は、単式簿記に加えて、資産の増減を取引ごとに記帳し最終的な資産残高を算出するものであり、資産の増減と利益額とが合致するように記帳しなければならない。

上記の説明を読んでも「さっぱりわからない」という読者は、青色申告はやめたほうがよい。

白色申告の場合は、とりあえずそんな面倒な帳簿（複式簿記による帳簿）はつけなくて良い。そのうえ、白色申告の場合、たとえ帳簿に不備があってもあまりペナルティーが課されないのである。

3）青色申告のメリットとデメリットを把握すること

青色申告は、一定の要件を満たした納税者（起業家）が、自分で「青色申告を選択します」という届出をして、税務署からそれが認められた場合に可能となる申告方法である。

一方、白色申告は、青色申告の届出をしていない人のための申告方法である。

では、青色申告のメリットとして、どのような点が挙げられるだろうか。以下で、青色申告のメリットを説明することにする。

①65 万円の所得控除が受けられること（簡易記帳の場合は 10 万円）

②家族を従業員にした場合、その給料が普通に払えること（白色申告の場合は 85 万円まで）

③事業の赤字を 3 年間繰越できる（純損失の繰越控除）こと

まず、①の所得控除 65 万円というのは、〔編著者（安達）は〕あまり魅力的だとは思わない。税率 10%の納税者であれば、節税額は 6 万 5000 円であり、住民税と合わせても 10 万円程度にしかならない。青色申告の場合、会計（経理）に大きな負担がかかってしまい、場合によっては税理士に頼む必要が出てきて、税理士への報酬を考慮すると 10 万円の節税では元が取れないのが通常である。

次に、②の家族に給料が払える点は魅力がある。家族に給料を払って収入を分散すれば、税金は大きく軽減でき、次の〔成長のための〕新規投資に備えられるからである。

最後に、③の事業の赤字を 3 年間繰り越せる点も、それなりに魅力があろう。以前に大きな赤字があれば、それを繰り越すことにより納税額を大幅に減らすことが可能になるからである。

それに対して、青色申告のデメリットとしては、次の 2 点が挙げられよう。

①記帳が大変であること

②税法の制約が厳しくなること

まず、①の記帳の大変さについてであるが、青色申告は原則として複式簿記を行い、関係帳簿をほぼ完璧に整備しておくことが必要である。これは、簿記や会計の初心者にとっては相当に大きな負担であろう。税務署や青色申告会（税務署が肝入りでつくった会計指導団体）などでは記帳指導を行ってはいるものの、素人が複式簿記に基づく会計帳簿を自分だけで作成するのは事実上無理である。結局、税理士に頼む羽目になる。

青色申告の制度には簡易な記帳方法も認められているとはいえ、税務署職員や税理士にとって「易しい」記帳方法に過ぎず、素人にはそれなりに難しい。なお、簡易な記帳による場合、所得控除〔の特典〕が65万円から10万円に減額されてしまう。税率が10%の人であれば、節税できる金額はわずか1万円にしかならない。青色申告で簡易な記帳方法を選択するくらいなら、正式の青色申告にしたほうが良いといえよう。

次に、②の税法の制約が厳しくなる点について説明したいと思う。青色申告の場合は、きちんと帳簿をつけていることが原則である。したがって、ちょっとしたミス（誤記帳）でも、そういう抗弁（言い訳）は税務署に否認され、故意に税金を逃れた（要は脱税した）として重加算税などをかけられる可能性が高くなる。

青色申告は、創業当初の起業家（納税者）にとっては必ずしも良いことばかりではない点をぜひ認識して頂きたい。

4）白色申告のメリットとデメリットを把握すること

白色申告の最大のメリットは、なんといっても会計（経理）の負担があまり大きくないという点である。白色申告の場合、売上や経費、また売上先や仕入先の詳細を記した収支内訳書を提出する必要があるものの、青色申告を選択した場合に比べると、税務署への提出書類は少ない。

このことは、事業をスタートさせたばかりの起業家にとっては大きなメリットである。事業を始めたばかりの頃は記帳や税金計算にまではなかなか手が回らないはずだからである。

一方、白色申告のデメリットとしては、次の2点が挙げられる。

①赤字の繰り越しができない

②家族への給料支払いが限られている

ただし、家族従業員への給料については、白色申告の場合でも一定額は認められている（配偶者の場合は86万円まで、配偶者以外の家族では50万円まで。ただし家族への給料は、事業所得の半分以下とすることが条件)。

ちなみに、家族への給料を規定以上に支払った場合、経費として認められない代わりに、もらった家族には事実上税金がかからない。したがって、〔言葉は良くないが〕ドンブリ勘定でやっている家族事業者などは、白色申告のほうが有利になるケースが多いのが実情となっている。

このように、白色申告は、青色申告に比べて決して不利だとはいえないのである。青色申告を選択するほうが白色申告を選択するより有利だと思われるのは、下掲の３つのうち１つでも該当する場合であろう。

①会計（経理）について、自分〔達〕だけで十分にできるメドがついており、節税策等についても対策を講じることが可能である
②多額の所得が見込まれ、家族にたくさんの給料を払いたい
③赤字が見込まれる年が頻繁にあること

逆に、１つも該当しない場合は、当面は白色申告で良い、と編著者（安達）は考えている。

5）白色申告から青色申告へと変える時期（分岐点）は売上が 1000 万円を超えるとき

創業当初は白色申告が有利な場合も多いことを既述したが、事業規模が大きくなると、白色申告のままでは不利になることもある。

事業が順調に行けば、やがては消費税なども支払わなければならなくなる。消費税を算出するとなると、やはり詳細な（細かい）記帳が不可欠。きちんとした記帳をする必要が生じたら、いっそのこと青色申告に変更したほうが良いといえる。あるいは会社組織にするという選択肢もある。青色申告にした場合は、会社組織にした場合と同じくらいの手間はかかるので、節税方法の選択肢が多い会社組織のほうが節税の面からは有利だといえよう)。

白色申告をやめる時期は、〔自営業の平均経費率が 60％～70％である現実を考慮すると〕概ね売上が 1000 万円を超えるとき、と考えれば良い。

7．おわりに
志を忘れないために、そして、世界に目を向けよう

本書の「1．はじめに　近い将来の起業家たちへのメッセージ」では、明治維新の精神的指導者といわれる吉田松陰を紹介しました。彼は、「至誠にして動かざる者は未だこれ有らざるなり（至誠をもって対すれば動かすことができないものはない）」や「志を立ててもって万事の源となす（何事も志がなければならない。志を立てることが全ての源となる）」等の名言を残しているため“志の人”と評されています。

その吉田松陰が、安政の大獄で処刑（斬首）される前の安政５年に弟子の山田顕義（日本大学の学祖）に書き送った漢詩は次のようなものでした。

「立志尚特異　（志を立てるためには人と異なることを恐れてはならない）
　俗流與議難　（世俗の意見に惑わされてもいけない）
　不思身後業　（死んだ後の業苦を思い煩うな）
　且偸目前安　（目先の安楽は一時しのぎと知れ）
　百年一瞬耳　（百年の時は一瞬にすぎない）
　君子勿素餐　（君たちはどうかいたずらに時を過ごすことなかれ）」

ところで、本書の編著者（安達）は現在、尾道市立大学経済情報学部・同大学院経済情報研究科で教授を務めています。尾道市立大学はその名の通り広島県尾道市に在る地方公立大学です。尾道市（瀬戸田町を除く）は、衆議院議員総選挙の小選挙区でいえば広島６区ということになります。

広島６区は、2005 年（平成 17 年）の第 44 回衆議院議員総選挙で株式会社ライブドアの社長（当時）であった堀江貴文氏が無所属（ただし自民党が推薦的立場）で出馬した選挙区です。世間の注目を最も集めた選挙区でしたが、国民新党（当時）の亀井静香氏が当選し、堀江貴文氏は落選しました。

広島６区は、昨年（2014 年）の第 47 回衆議院議員総選挙でも亀井静香氏が当選しています。広島県内の他の小選挙区ではすべて自民党の候補が当選しているのですが、広島６区だけは亀井静香氏が連続当選を続けています。亀井静香氏もそれなりに高齢ですから、次回の第 48 回衆議院議員総選挙では亀井氏以外の当選者が出るかもしれません。

広島６区の説明が長くなってしまいましたね。申し訳ありません。

2010 年４月に尾道市立大学に着任した私は、東京との余りの違いに驚きました。私（安達）は東京在住時、亀井静香氏が連続当選を果たす理由がわかりませんでした。しかし、広島６区に満５年も居ますと、わが国でも「典型的な保守王国」と呼ばれる広島６区の、とりわけ備北地方で亀井静香氏に投票する（連続当選させる）有権者が多い理由がなんとなくわかってきました。

「地方創生」は待ったなしです。

私（安達）は、本書を藤本健太君との「共著」とすることに決めました。藤本君は、私（安達）の主宰する起業家育成・支援のための経営私塾（受講料を頂かない私塾の形を採っています）の裏方の１人として頑張ってくれました。彼は来月（４月）から某行政機関へ就職することが決定しており、地方創生等のために活躍してくれるはずです。彼にはぜひ、アップル社を見習って、必要なリソースは世界中から調達するとの気概及び実行力を持って奮闘して欲しいと願っています。「世界は広い」のですから…。

もっとも、藤本君は私（安達）の教え子の１人に過ぎません。彼を含めたすべての教え子（受講生）たちが、また、本書の読者の皆様が、前述の吉田松陰の漢詩を思い出し、「志のリレー」をして下さることを私（安達）は強く確信して筆を置きたいと思います。

2015 年３月　傘が必要な雨の日に

安達　巧

<編著者紹介>

安達　巧（あだち・たくみ）

1966年生まれ。早稲田大学商学部の学生時代に起業し社長に就任。東北大学大学院経済学研究科経営学専攻博士後期課程をわずか２年で修了して「博士（経済学）」学位を得た後、税理士事務所を立ち上げ所長としてアントレプレナー育成ならびに経営コンサルティングに従事する。現在は尾道市立大学大学院経済情報研究科教授を務める傍ら、「１人で世の中を変えるより、世の中を変えたいという人を増やすほうがいい」との考えから、社会を変える異端者（イノベーター）を育てるための私塾を主宰。日本ソムリエ協会認定ワインエキスパートや「一般旅行業務取扱主任者」（現在は「総合旅行業務取扱管理者」へと名称変更）などの資格も有する剣道２段。日本の全47都道府県および世界50ヶ国以上を訪れた旅人でもある。著書・論文多数。

<著者紹介>

藤本　健太（ふじもと・けんた）

1993年生まれ。尾道市立大学を2015年３月に卒業して同年４月からは某行政機関で働くことが決定しており、行政の立場から地方創生や起業家支援等に取り組む予定。高校時代に全国商業高等学校協会主催の検定試験で７種目１級合格を果たしたこともあってビジネスに関心を持ち、尾道市立大学では実践論としての経営を学べる安達巧教授のゼミナールに所属した。また、安達教授が主宰する経営私塾の運営サポーターをしながら志ある受講生たちとの人脈形成に努めることに加え、大学在学中は東ティモールをはじめとする発展途上国に積極的に足を運び「自分にできること」を実行した。

サムライ・イノベーション
社会を変える起業家のための思考と資金戦略

2015年3月31日　初版発行

編著者　安達　巧

著　者　藤本　健太

発　行　ふくろう出版
〒700-0035　岡山市北区高柳西町 1-23
友野印刷ビル
TEL：086-255-2181
FAX：086-255-6324
http://www.296.jp
e-mail：info@296.jp
振替　01310-8-95147

印刷・製本　友野印刷株式会社

ISBN978-4-86186-643-2 C3033